Horacio Uribe

Música para arpa sola

RELIEVES 1997

TIEMPOS REMOTOS E INMEMORIALES 2012

Para pedidos de copias adicionales de este libro, por favor contacte con:
Palibrio
1663 Liberty Drive
Suite 200
Bloomington, IN 47403
Llamadas desde los EE.UU. 877.407.5847
Llamadas internacionales +1.812.671.9757
Fax: +1.812.355.1576
ventas@palibrio.com
382852

CONTENIDOS

Horacio Uribe, un equilibrista sobre sus mundos sonoros, de Eduardo Contreras...........7

Horacio Uribe, balancing among sonic worlds, by Edurado Contreras...........................9

Relieves. Tríptico para arpa sola, 1997 11

    Notas del autor 13

    Composer's Remarks..14

Tiempos remotos e inmemorables. Para arpa sola, 2012 47

HORACIO URIBE, UN EQUILIBRISTA SOBRE SUS MUNDOS SONOROS

En los ya varios años que tengo de conocer a Horacio Uribe, he observado elementos constantes en el lenguaje de su música, con los cuales siento que ha consolidado tres tipos de equilibrio; gracias a esta labor, digna de pértiga y alambre sin red, su obra siempre mantiene un logrado nivel y un interés permanente por su audición: equilibrio entre lo académico y lo popular; equilibrio entre la tradición y la vanguardia; y equilibrio entre lo formal y lo lúdico.

Por el primer equilibrio entiendo que Uribe, en sus composiciones, pone en juego toda su muy bien aprendida formación en un lugar tan riguroso como el Conservatorio Chaikovski de Moscú, de lo cual se desprende que será muy difícil sorprenderlo en faltas de ortografía musical, descuido en los procesos formales o algún otro tipo de problema relacionado con las exigencias que se siguen esperando de los compositores que llamamos clásicos, académicos o de concierto. Sin embargo, ello no le ha impedido recurrir, cuando se le ha antojado –y ha sido muy a menudo–, a la cita, la referencia, la contrafactura o el homenaje de los mundos sonoros populares, en especial los mexicanos; de tal manera que, en las composiciones de Uribe, no será extraño oír afortunadas convivencias de un son jarocho con el desarrollo de una rigurosa forma sonata, para gusto y satisfacción de todo tipo de oídos.

En el segundo equilibrio quiero decir que Uribe se siente a gusto escribiendo formas clásicas que aparentemente puede reconocer cualquier oyente entendido en las nociones elementales de la música: tríos, sonatas, cuartetos… Pero, tras la aparente herencia de la tradición a la que el compositor se suscribe, suelen aparecer detalles, guiños y hasta pasajes y derivaciones que a gritos proclaman lo atento que él se halla a las maneras actuales de sonar: armonías disonantes o politonales, contrastes rítmicos audaces, exploraciones tímbricas en obras para instrumentos solistas o en combinaciones de cámara no muy comunes… En suma, Uribe navega en una lancha aparentemente tradicional, pero ello no le impide, como los brazos del correo Chuan, remar con sus fusiles vanguardistas y llegar sano y salvo al puerto.

Al decir que el tercer equilibrio de Uribe se da entre lo formal y lo lúdico, quiero decir que mi buen amigo es un hombre de academia, pero no es una piedra de aburrido y gris concreto, no es un manual rutinario de fórmulas calcadas de libros de texto: todo lo contrario, tiene mucho de niño y de cronopio en su muy sano sentido de la diversión a través de su discurso musical. En su música siempre se siente que pasan cosas, que algo se mueve y nos lleva a otra parte, que fluye la vida por lo que oímos y queremos ser llevados. No es gratuito que Uribe haya escrito mucha música destinada a la escena, tanto del teatro como del cabaret, y en ella sea evidente su sentido del juego, del divertimento, del movimiento dramático. Todo lo cual no quiere decir que no podamos hallar ese mismo sentido lúdico hasta en sus piezas que pudieran parecer muy serias y formales, porque su vida y su dinamismo fluyen por igual en todos sus mundos sonoros.

Si evoco este proceder tan equilibrado de la música de Horacio Uribe, no quiero dar a entender con ello que su oficio de artesano, de orfebre sonoro, sea frío y calculado, cuando es bien sabida la pasión juvenil que le corre por sus venas ya no tan jóvenes, pero que celebro que lo siga acompañando, porque estoy convencido de que esa eterna pasión de joven es la que ha de seguir alimentando su muy equilibrada música para continuar dibujando –sin épica sordina– el perfil destacado, definido y muy admirable, de Horacio Uribe.

Eduardo Contreras Soto
Marzo de 2012

HORACIO URIBE, BALANCING AMONG SONIC WORLDS

During my many years of knowing Horacio Uribe, I have observed that certain elements remain constant in his musical language. Through these, I feel, he has consolidated three kinds of equilibrium. The work of developing one's own authentic compositional voice is something like that of a high-wire artist with no safety net. In Uribe's case, the result is music which is enormously skilful and also enormously appealing to the listener. I think of these three equilibriums of Uribe as between the academic and the popular; between tradition and vanguard; and between formality and playfulness.

The first equilibrium: Uribe draws on all his thorough formation in the Tchaikovsky Conservatory of Moscow: it is hard to imagine a more rigorous, traditional training. Thus it would be difficult indeed to surprise him in sloppy writing, carelessness about formal processes, or any other slip in the mastery necessary to a composer of what we varyingly call classical, academic, or concert music. Nevertheless, this doesn't keep him from using quotes, contrafacts, and references from the popular world -particularly Mexican ones- when he feels the urge, which is quite often. It is a kind of homage. So it's by no means strange to hear in his music a *son jarocho*, for example, living happily side by side with a rigorous development of sonata form. Not only it is not strange, it is enjoyable and satisfying for all kinds of ears.

Uribe has found his second equilibrium —that between tradition and vanguard- being completely at ease writing classic forms which, one imagines, are recognizable to most listeners that possess basic notions of classical music: trios, sonatas, quartets, and the like. But, behind the obvious heritage of the tradition in which he was trained, flash out details and glimmers which make it quite clear how Uribe has tapped in to where music is right now: dissonant or polytonal harmonies, audacious rhythmic contrasts, timbral explorations in works for instruments alone and in uncommon chamber combinations. In sum, Uribe sets to sea in what appears to be a traditional boat … but this in no way prevents him from –to paraphrase the great Mexican poet Ramón López Velarde in his iconic *Suave Patria*- rowing with avant-garde rifles and still arriving in port safe and sound. [1]

---

[1]   Translator's note: This is a quote from *Suave Patria*, the iconic poem of Mexican poet Ramón López Velarde; and one of the most obscure. There is still considerable discussion about exactly what López Velarde was trying to say. One analysis (Huchim R., Eduardo (2009) "La Suave Patria: Sus enigmas y la gitana," [en línea]. Revista de la Universidad de México. Nueva época. Enero 2009, No. 59 http://www.revistadelauniversidad.unam.mx/5909/huchim/59huchim.html) surmises that López Velarde had read El caballero Destouches of French author Jules Amédée Barbey D'Aurevilly (1808-1889), in which he makes reference to an episode in which two men, at sea in a small canoe made for only one man, threw overboard every ounce of extra weight and rowed with their rifles; nevertheless they arrived safe in port.

When I say that the Uribe's third equilibrium is situated between formal and playful, I mean that my good friend is, musically, a man of the academy; but his rigorous formal sense never leads him to take refuge in safe –and boring- textbook procedures. On the contrary, there is much of the child in him, or perhaps of some ageless creature who has a great deal of healthy fun through his musical discourse. In his music you always have the feeling that things are happening, that something is moving and will take you somewhere new: life flows from what we're hearing and we want it to sweep us up and take us with it. It is not coincidence that Uribe has composed extensively for the stage, both in theatre and cabaret settings: his sense of play, of fun, and of dramatic movement are highly developed. This same sense of play comes forth even in the works which might seem his most serious and formal, because his life and his dynamism flow with equal ease in all his various sonic worlds.

In sum, through the extraordinary equilibrium of Horacio Uribe's music, his craftsman's skill –he is like a jeweller of sound- is never cold or calculating. Those who know him know the youthful blood which courses through his (now less-youthful) veins. I for one rejoice that it is still very present, because I am quite sure that his young man's eternal passion must continue to nourish his beautifully balanced music so that Horacio Uribe's very distinguished, very particular, and very admirable voice will continue to grow and delight us.

Eduardo Contreras Soto
March, 2012

Relieves

Tríptico para arpa sola

1997

Notas del autor

Agradezco a la maestra Mercedes Gómez Bonet el encargo de esta obra. El proceso de creación fue muy placentero, pues la maestra compartió amablemente sus enseñanzas conmigo. Me contó de la historia del arpa, de sus materiales y de la forma como ha sido utilizada a lo largo de muchos años.

El primer reto que me propuse para esta obra fue la duración. Yo quería una obra de entre 15 y 20 minutos. ¿Cómo lograr que resultase entretenida y conmovedora para la audiencia?

Para la pieza I, *Claroscuro,* utilicé una afinación principal de Do#, Re, Mib, Fa#, Sol, La y Sib (C#, D, Eb, F#, G, A, Bb). La razón por la que escogí esta afinación es que me agradó la distribución entre semitonos y tonos y medio, unos cromáticos y los otros con sonoridad de Medio Oriente. Un solo tono completo está presente entre las notas Sol y La. La cuerda más grave está afinada en Do natural y no sostenido, para lograr el colorido necesario y un mayor dramatismo en la atmósfera general.

La primera sección, de A hasta F, tiene una función de preludio, por lo que se puede interpretar de manera teatral y contrastante, pero con sutileza. G es una sección que queda en pregunta. A partir de H, una nueva sección comienza, una atmósfera mística. Desde J se comienza a preparar la culminación y la primera pieza finaliza.

II.- *Brisa*: hablando del arpa, qué gran tentación es para un compositor, desde el punto de vista de lo tímbrico, crear unísonos "gorditos". Tras una disputa entre dos atmósferas, una estática y la otra dinámica, comencé un contrapunto modal que culmina plenamente y termina con una sensación de ensueño.

III.- *Reflejo*: en la primera parte existieron coqueteos con Bach y lo español. En este movimiento todo comienza con entonaciones inocentes, absolutamente infantiles. Uno de los aspectos más bellos de este proceso compositivo, fue imaginarme lo español y lo veracruzano como un camino-hilo conductor de la obra.

Composer's Remarks

When Mercedes Gómez Bonet, one of the most distinguished harpists in Mexico, commissioned a solo harp piece from me, it was a moment of deep emotion. As I was composing the piece, a paragraph from Rimsky-Korsakov's *Treatise on the Principles of Orchestration* kept going through my head: "Generally, whoever studies orchestration goes through … a period when he becomes passionate about the harp, [and the young composer] feels obliged to duplicate on that instrument the sonorities of all the other instruments … "

While this thought is intended for the orchestrator, as a composer I also consider it necessary to know the soloistic capacities of the harp: the different timbral qualities of its strings, its harmonics and registers, the sounds produced with the palm of the hand, and other effects. I was still a very young composer, deeply conscious of the opportunity to experiment and to express myself using everything I'd learned in my years of study. Working on this piece made me connect with the history of the harp and the ways in which it has been used over the centuries. Thus was born *Reliefs: Triptych for Solo Harp*.

For *Claroscuro [Chiaroscuro, from the Italian visual-arts term for Light-Dark]*, the first movement, I used a mainly the tuning: C#, D, Eb, F#, G, A, Bb. I chose this tuning because I liked the distribution between semitones and minor thirds (one-and-a-half steps), some chromatic and others with a sonority reminiscent of the Middle East. A whole tone is present between G and A.

On the piano, I tried the following pitch collection –and fingering- and was pleased by its symmetry and intervallic variety:

R.H.:
5 4 3 2 1
Eb D C# Bb A
L.H.:
C# D Eb F# G
5 4 3 2 1

Only the lowest string is tuned to C-natural (not C-#) to achieve the colour I wanted, as well as a more dramatic atmosphere in general.

The first movement acts as a Prelude; thus it may be performed in a subtly theatrical fashion, with considerable contrast. The character from measure 33 is that of questioning and seeking.

Starting at measure 37 a new section begins, with a mystical feel. This atmosphere imagines Bach-like sonorities as well as Spanish ones. At 44, we begin to prepare the culmination and end of the movement.

In *Brisa (Breeze)*, the second movement, any composer would be greatly tempted to fill enharmonically the unisons. After a little tension between static and dynamic affects, a modal counterpoint commences, culminating in a moment of fullness and the movement ends with a daydream-like feeling.

Reflejo (Reflection), the third and final movement, begins with an innocent and completely childlike feeling. As the movement continues, long fermatas are incorporated into many of the phrases, something which adds drama and surprise to the music. To weave a Spanish feel and the *son veracruzano* (a traditional music of the state of Veracruz, Mexico), as constant connecting threads throughout the piece --except for brief intervals— was one of the most beautiful aspects of this compositional process for me.

Relieves, tríptico para arpa sola, 1997.

"La vocación es una inclinación natural hacia algo, una inclinación con sentido, generadora de sentido, que implica trabajo, que genera obra, que llama con sencillez desde un lenguaje, como todos, complejo, siempre cercano, abierto siempre a la comunicación".
ISOCRONÍAS de Ricardo Yánez, LA JORNADA, Cultura 18 de enero de 2012

Nada mejor que esta cita del poeta Yáñez para describir la colaboración y contacto que he tenido con Horacio Uribe, a quien comisioné Tríptico, su primera obra para arpa sola, en 1996, cuando él volvía a México tras sus años de estudio en Rusia.

A través de Ricardo Gallardo entablamos nuestra primera conversación, que fue telefónica. Ricardo me lo recomendó como un joven compositor sólido y con increíble inventiva para la crear melodías y construir contrapuntos.

Horacio se sorprendió de que así, sin más, le comisionara yo una pieza para integrarla a mi primer disco compacto, ZARPA AL AZAR (Urtext JBC018), realizado con apoyo del FONCA.

Todas las obras contenidas en dicho compacto contienen trabajo de compositores latinoamericanos que de diferentes maneras, y a petición mía para el proyecto, integraron elementos de alguna arpa latinoamericana en sus lenguajes contemporáneos.

Fue muy divertido y enriquecedor trabajar con Horacio, quien siempre respetuoso de mis sugerencias idiomáticas se propuso sacarle el mayor provecho a las cualidades expresivas y sonoras del arpa. Con los ojos brillantes por la emoción de tener este nuevo reto que el arpa le significó, editó su pieza hasta encontrar el punto de balance donde ambos nos sentimos satisfechos dentro del lenguaje musical. Lo vi gozar cada etapa del proceso, especialmente cuando aparecieron las notas jarochas y sonaron en el arpa de concierto con permiso de Tchaikovski y todo lo que Horacio aprendió de la escuela rusa.

De la cita de Ricardo Yáñez que elegí, subrayo lo importante que es la comunicación abierta entre intérprete y compositor.

A través de los años en que he tocado Tríptico en diferentes foros y tierras, y al ver a jóvenes arpistas aprenderla para sus exámenes y concursos, compruebo que el trabajo así llevado tiene hermosas consecuencias. Una de ellas es el fruto de esta edición a la que he sido invitada por mi generoso amigo compositor.

Muchas gracias por todas las etapas de este proceso, querido Horacio. Muchos años más de vida y vueltas a tu Tríptico.

Mercedes Gómez Bonet, abril 2012

Reliefs, triptych for Solo Harp, 1997.

"Vocation is a natural inclination towards something, an inclination which both makes sense and generates sense, which implies work, which generates works, which calls with simplicity from a language that is –like all language —complex, but always close, always open to communication".
ISOCRONÍAS de Ricardo Yáñez, LA JORNADA, Cultura 18 de enero de 2012.

No better words than this quote from the poet Ricardo Yáñez to describe my collaboration and contact with Horacio Uribe, from whom I commissioned the **Triptych**, his first work for solo harp, in 1996 when he had returned to Mexico after several years of study in Russia.

Through Ricardo Gallardo *[renowned percussionist and founding member of the Tambuco Percussion ensemble]* we had our first conversation by telephone. Ricardo had recommended Horacio to me as a young composer whose work was not only very solid but who was incredibly inventive at creating melodies and building counterpoint.

Horacio was surprised that just like that, I would commission a work from him to be recorded on my first CD, ZARPA AL AZAR (JBC018), issued with the support of FONCA *[Mexican National Foundation for Culture and the Arts]*.

All the works on this CD are from Latin American composers who in various ways, at my request for the project, integrated elements of Latin American use of the harp into their own, contemporary languages.

It was both enormous fun and a very rich experience to work with Horacio who, always respectful of my suggestions about idiomatic writing for the instrument, set about taking the best possible advantage of the expressive and sonic resources of the harp. Eyes gleaming with the excitement of this new challenge of composing for the harp, he worked and reworked the piece until he found the point of equilibrium where both of us felt satisfied with the musical language. I watched him enjoy every stage of the process, especially when the *Jarocho [folkloric music of Mexico, particularly associated with the State of Veracruz]* sounds appeared, coming to life on the concert harp with the gracious permission of Tschaikovski and all that Horacio had learned in his Russian training.

From the Ricardo Yáñez quote with which I began, I underline the crucial importance of open communication between composer and performer.

Over the years in which I've played the *Triptych* in different countries and concert halls, as well as watching young harpists prepare it for exams and competitions, I have seen the beautiful fruits borne of our work together. Yet another of these is this edition in which I've been invited to participate by my generous composer colleague and friend.

Many thanks for all the stages of this process, dear Horacio. Here's to many more years of life for your *Triptych*, and many more performances.

Mercedes Gómez Bonet, April 2012

Relieves.
Tríptico para
Arpa Sola

I.- Claroscuro
A mi amiga,
Mercedes Gómez Bonet

Horacio Uribe

C grave=♮

liberamente misterioso

♩= 52

pochis. più mosso

a tempo

Xilo

ord.

Tranquillo
leggiero
marcato il canto

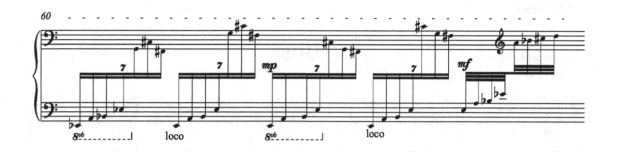

II.- Brisa

contemplativo
Andante ♩=100

Più mosso ♩=110   rit. _ _ _ _ _

marcato il canto

Tranquillo

come campane

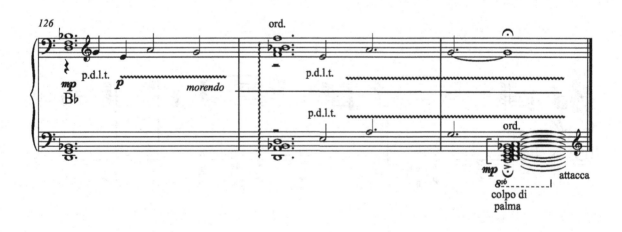

III.- Reflejo

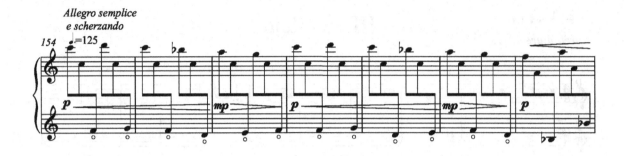

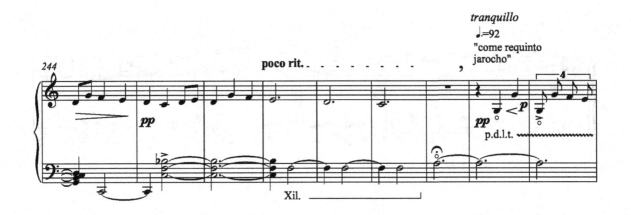

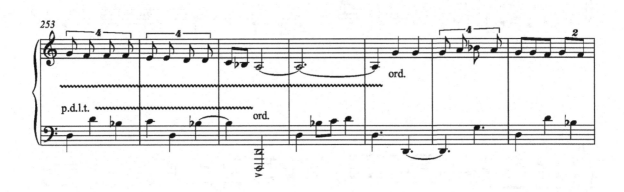

"come arpa jarocha"

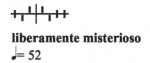

liberamente misterioso
♩= 52

Mexico D.F.
Diciembre 1997

Tiempos remotos e inmemorables

Para arpa sola

2012

Tiempos Remotos e Inmemoriales, para arpa sola, (2012).

I.- Orígenes
II.- Cuenta Cuentos
III.- Nadezhda (Esperanza)
IV.- Epílogo

El origen de esta obra es la petición de mi amiga Mónica Reyes, de contribuir con una obra solista para su examen profesional en la Escuela Nacional de Música de la UNAM.

Por esos días de la petición me encontré una vieja libreta. En ella estaba una pequeña pieza que escribí en 1987 basada en un relato de J. R. R. Tolkien del *Silmarillion*: *Ainulindale* o la Música de los Ainuir. La música era un esfuerzo un tanto ingenuo por contar el relato. Siendo el original para flauta y piano, decidí adaptarlo para arpa sola. Me gustaba como punto de partida.

Cuenta cuentos está inspirada en un personaje de Michael Ende: Girolamo el cuenta cuentos, de su novela *Momo*. Tiene muchos motivos veracruzanos y huastecos.

Nadezhda es una bella palabra rusa que significa esperanza. Absolutamente una necesidad humana.

Epílogo es una terminación buena. Bajos caribeños sobre los cuales transitan entonaciones improvisadoras.

Por último quiero agradecer a Ana Cervantes, Hebert Vazquez, Eduardo Contreras, Mario Quiroz y Pier Luigi Ferrari Nicastri por sus valiosos comentarios y sugerencias.

Tiempos Remotos e Inmemoriales (Remote and Immemorial Times, 2012) resulted from a request by harpist and friend Monica Reyes, for a piece for her graduation recital in the National School of Music of the UNAM.

At just about that time, I found an old notebook. In it was a little piece I'd written in 1987 based on a tale of J.R.R. Tolkien from the **Silmarillion**: *Ainulindalë* or *The Music of the Ainuir*. The music was a somewhat ingenuous attempt to tell that story, and was originally written for flute and piano. I liked the piece as a point of departure, and decided to adapt it for solo harp.

Cuenta cuentos (Storyteller), the first movement, is inspired in a character of Michael Ende – Girolamo the Storyteller from his novel **Momo**. It has a number of *huasteco* motifs: that is, rhythms in 6/8 and 3/4, with the resulting syncopations.

Nadezhda, the second movement, is a beautiful Russian word meaning Hope: an absolute human necessity. It is this concept that I trust will give strength to the movement's gestures and *affekt*.

Finally, in the *Epílogo (Epilogue)* we seek a good ending, so pessimism is left behind through a Caribbean bass over which move voicings with an improvisatory air.

I asked both Mercedes and Monica to play with timbres and tempi and to draw on their imagination to achieve interpretations of this music with a personal touch … and I also asked them for some of their own words about their experiences with these works, words which you can read below.

At last, my profound thanks to both of them, as well as to Janet Paulus, Ana Cervantes, Hebert Vázquez, Eduardo Contreras, Mario Quiroz and to Pier Luigi Ferrari Nicastri, for whose support I am deeply grateful.

Tiempos remotos e inmemoriales

Conocí la música de Horacio Uribe en el concurso de arpa de la Escuela Nacional de Música de la UNAM; ya que el *Tríptico* fue parte del repertorio a interpretar. A partir de ese momento tuve un gran gusto por su música.

Le comenté que necesitaba una obra inédita para mi examen de graduación, a la siguiente semana llegó con una grata sorpresa, el principio de *Tiempos Remotos e Inmemoriales* para arpa sola.

Me emocionó que en esta obra utilizara todas las cuerdas del arpa, desde la más aguda hasta la más grave, el efecto del trueno, el juego de los glissandos, la diversidad de motivos rítmicos, sus acordes amplios rellenos precedidos de apoyaturas ligeras que crean atmósferas.

Tocar la obra de Horacio Uribe ha sido una experiencia enriquecedora en todos los aspectos. Trabajando con él me di cuenta que es un gran compositor, amigo, y admirable persona que sabe lo que busca, es abierto, creativo y entusiasta para experimentar con el arpa.

Me siento muy afortunada de trabajar con un compositor contemporáneo que me ayudo a interpretar la obra de primera mano.

Horacio realmente comprende el lenguaje del instrumento, logrando explotar sus recursos sonoros.

Agradezco mucho el trabajo y dedicación otorgado a este mágico y complejo instrumento, además de estimular a jóvenes compositores. ¡El arpa con cada composición, suena mejor!

Horacio, ¡Mi agradecimiento por esta experiencia invaluable e inolvidable!

Mónica Reyes, Febrero 2012

Remote and Immemorial Times

I first became acquainted with Horacio Uribe's music in the Harp Competition in the National School of Music *[in the UNAM, National Autonomous University of Mexico]* since his *Triptych* was part of the obligatory repertoire. Ever since then I've been very fond of his music.

I mentioned to Horacio that I was looking for an unpublished solo harp piece for my graduation recital. My surprise and emotion were intense when, barely a week later, I received from him the beginnings of *Remote and Immemorial Times*.

I was excited by how this piece uses all the strings of the harp, from the highest to the lowest, the "thunder" effect, the play of *glissandi*; as well as by the diversity of its rhythmic motifs, its wide full chords preceded by *appoggiaturas* which create even more atmosphere.

Performing Horacio Uribe's music has been a rich experience in every sense. Working with him has convinced me that he is a great composer; as well as a great friend and an admirable person who knows what he is seeking: open, creative, and enthusiastic about experimenting with the harp. Because Horacio really understands the language of this instrument, he takes full advantage of all its sonic resources.

I feel extremely fortunate to have worked with a living composer who has helped me, first-hand, to interpret his music. I am deeply grateful for all the work and dedication he has given to this magical and complex instrument, in addition to stimulating the creation of young composers. Every piece sounds better with the harp!

Horacio, my thanks for this invaluable and unforgettable experience!

Mónica Reyes, February 2012

Tiempos Remotos e Inmemoriales

para Arpa Sola
A amiga,
Mónica Reyes Flores.

I.- Orígenes
(sobre original c.a. 1987)

Horacio Uribe (1970-)

II.-
Cuenta Cuentos

con gusto

39

42

45

48

Jaladito
(poco irregolare
e folclorista)

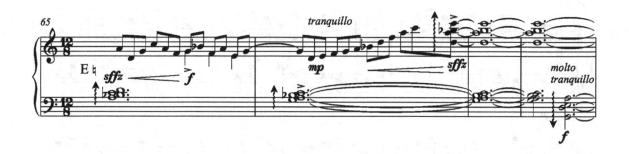

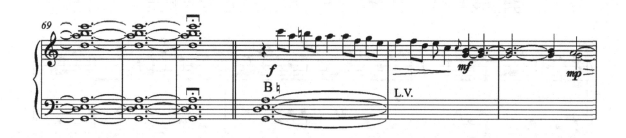

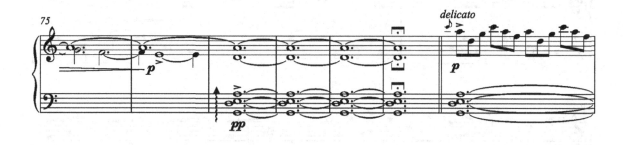

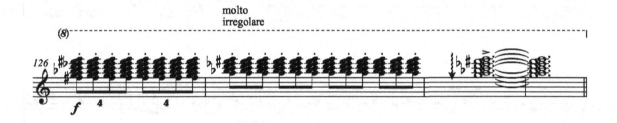
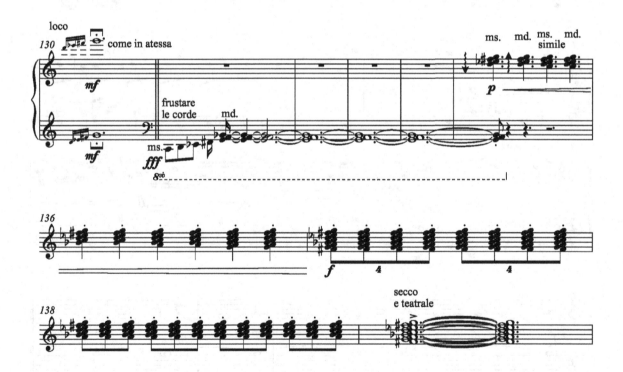

(improvisazione molto
corta scintille con differenti
re e la armonici)

Lento
♩. = 60

ms.   md.   simile

molto accel. . . . .

p

f 4   4

L.V. o secco a piacere
d'acordo alla risonanza

Presto
♩. = 120

Lento
♩. = 72

G.P

Tempo primo ♩. = 96

♩. = 72

Moderato ritmico
ma tranquillo

III.- Nadiezhda
(Esperanza)

Horacio Uribe

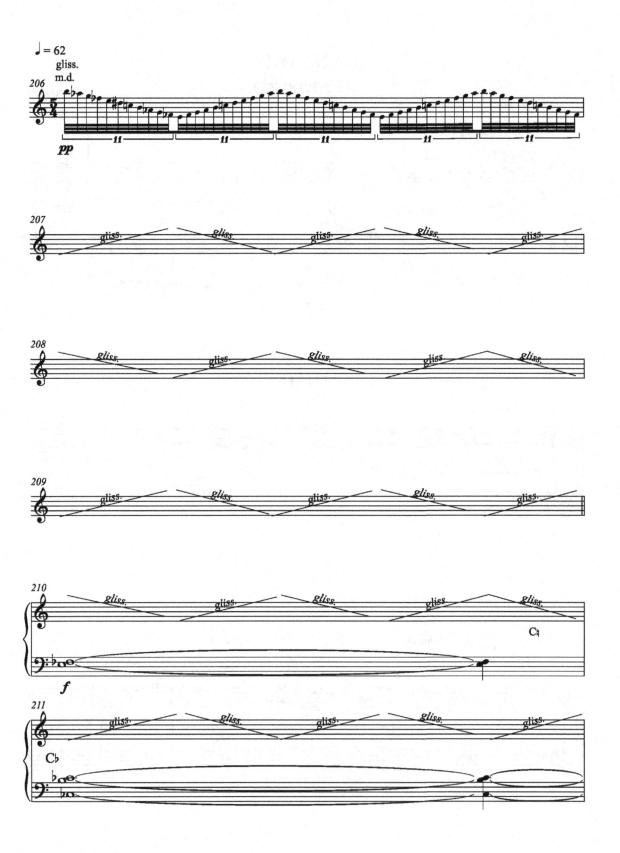

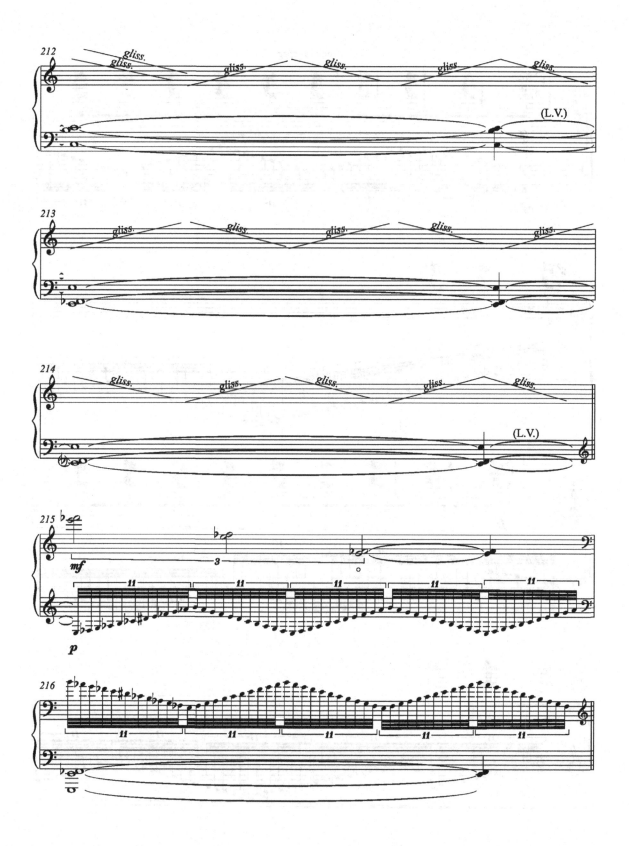

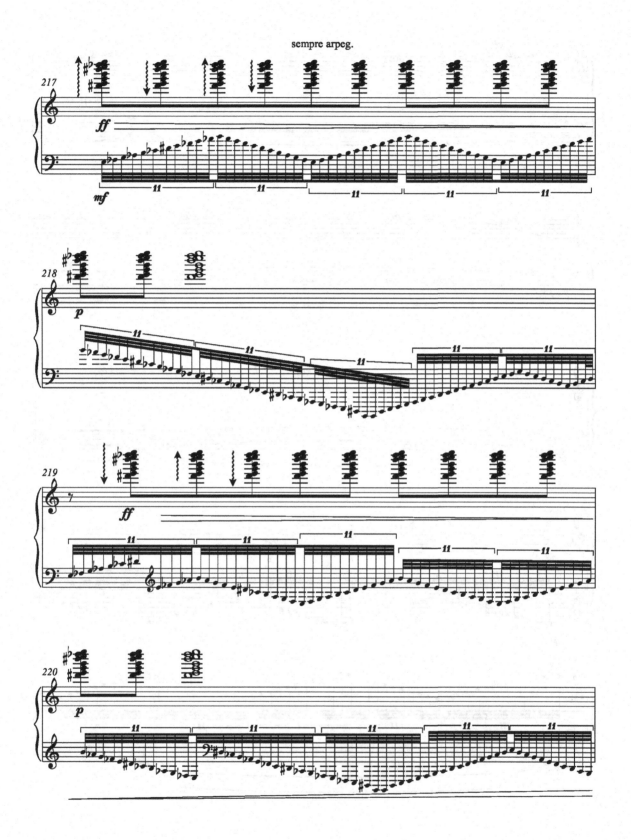

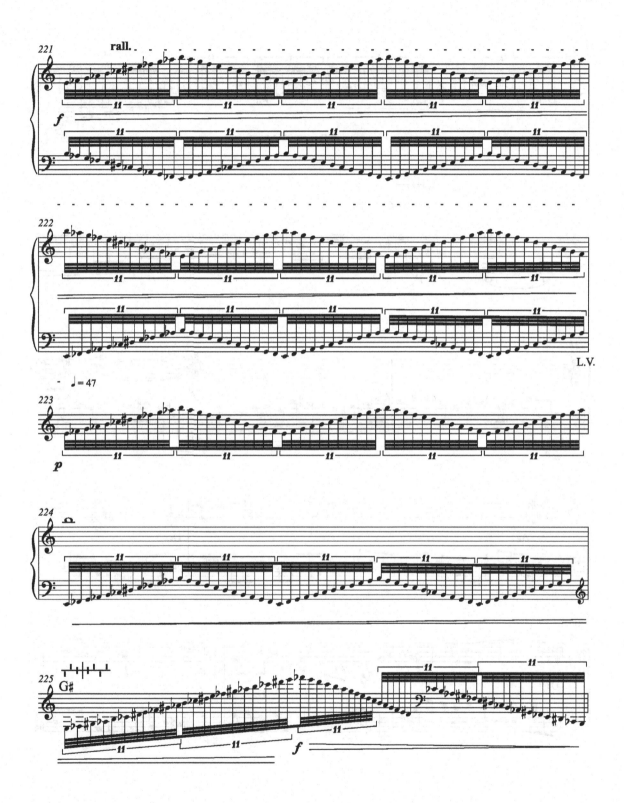

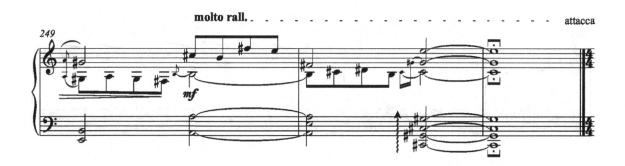

IV.- Epílogo

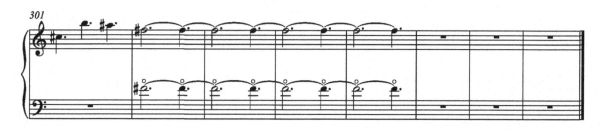

Morelia, Mich.
Marzo, 2012